Python でまなぶ

JN060415

もくじ

ダウンロードデータ

テキスト内に掲載されているプログラムデータは，https://www.jikkyo.co.jp/download/ からダウンロードできます（「Pythonでまなぶ」で検索してください）。

 プログラミングとは なんだろう

➡ コンピュータとプログラム

　プログラムとは，コンピュータに対する命令のことです。たとえば，「こんにちは」という文字を画面に表示するプログラムは次のようになります。

```
1   print('こんにちは')
```

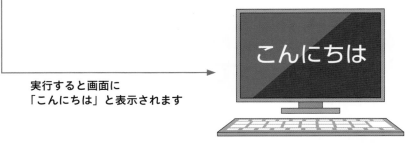

実行すると画面に
「こんにちは」と表示されます

　みなさんが友だちとあいさつをするときは日本語で「こんにちは」と話したり，スマホで「こんにちは」とメールをしたりしますよね。これは，「こんにちは」という音や文字を友だちが理解できるから伝わるのです。

　しかし，コンピュータは，みなさんの友だちと違い日本語の音や文字列は理解できません。コンピュータにはコンピュータが理解できる専門の言葉をキーボードで入力して伝えます。上の例だと，「print('こんにちは')」というプログラムが，コンピュータの理解できる言葉です。
　このようなコンピュータが理解できる言葉のことを**プログラミング言語**といいます。そして，プログラミング言語を使ってプログラムを記述することを**プログラミング**といいます。

私たちのまわりの身近なプログラム

プログラムやプログラミングと聞くとパソコンやゲームを思い出しがちですが，私たちの日常生活にもさまざまなプログラムが活躍しています。たとえば，自動販売機を例にとって考えてみましょう。

自動販売機に100円玉を1枚投入すると，金額を表示する画面に「100」と表示されます。もう1枚投入すると「200」と表示され，200円で購入できる飲み物のボタンが点灯します。そして，150円のジュースのボタンを押すと，ジュースを取り出す機械が作動しジュースが出てきます。同時に金額の表示を150減らして表示画面は「50」となります。

このように自動販売機にもプログラムが組み込まれています。そのプログラムは自動販売機に組み込まれているコンピュータが理解できるプログラミング言語で書かれています。ほかには，エレベーターや信号機などにもプログラムが組み込まれています。

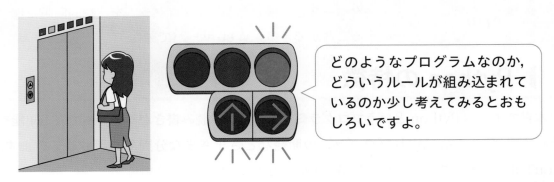

このように世の中にはさまざまなプログラムがあり，たくさんのプログラミング言語があります。本書では **Python**（パイソン）というプログラミング言語をまなびます。本書ではゲームをつくりながら楽しくまなべるだけでなく，プログラミングを理論的にまなぶことができます。本書でまなべばプログラミングの基礎的な知識と技術が身につき，そして，プログラミングのおもしろさを感じることができるでしょう。

2 Python とはなんだろう

▶ プログラミング言語の種類と Python

プログラミング言語にはさまざまなものがあります。つくりたいプログラムはなにか，どのようなコンピュータで動かしたいかなどを考えてプログラミング言語を選ぶ必要があります。たとえば，下表のようなプログラミング言語があります。

プログラミング言語	特　徴
スクラッチ **Scratch**	ブロックを組み合わせてプログラムを作成する。小学生も多く使用している。作品の共有が簡単にできる。
ブイビーエー **VBA**	表計算ソフトや文書作成ソフトの処理を自動化することができる。
スウィフト **Swift**	iPhone や iPad などのアプリを開発することができる。
ジャバスクリプト **JavaScript**	Web ページに埋め込んで動きのあるページを作成することができる。Web ブラウザで動作する。
ジャバ **Java**	家電製品の組み込みプログラムや Web プログラム，Android アプリ開発などに幅広く使用されている。
ピーエイチピー **PHP**	データベースと連携した Web プログラムを比較的簡単に作成することができる。Web サーバで動作する。

▶ Python の特徴

本書でまなぶ Python というプログラミング言語は，読み書きがシンプルで人工知能やデータサイエンス，Web プログラムの開発などさまざまな分野で利用されています。YouTube やインスタグラムも Python が利用されています。

ほかに Python が活躍している場面はどこでしょう？

Python をはじめるには

Python はパソコンにインストールして使用する方法だけでなく，Web ブラウザ上で動作するものもあり，さまざまな開発環境が用意されています。ここでは，代表的な開発環境を 2 つ紹介します（Windows10 64bit パソコンの場合）。

▶ **Python をインストールして使用する** ·······························

Python をコンピュータにインストールして，Python に付属しているテキストエディタである IDLE を使う方法です。

1　https://www.python.org/ にアクセスし，「Downloads」→「Windows」を選択する。

2　最新版の Python3（Latest Python と書かれている）を選択する。

3　Windows installer (64-bit) を選択し，ダウンロードする。

4　ダウンロードしたファイルを実行してインストールする。

5　IDLE を起動し，New File を作成し，プログラムを入力する。

▶ **Web ブラウザ上で Python を使用する** ·····························

Web ブラウザ上で Python のプログラムを記述して実行できる Google Colaboratory を使用する方法です。

1　Google アカウントにログインする。

2　https://colab.research.google.com/ にアクセスする。

3　「ファイル」→「ノートブックを新規作成」を選択し，プログラムを入力する。

（作成したプログラムは自動的に Google ドライブに保存される。）

3 はじめまして Python!

プログラムをつくってみよう

「Hello world!」という文字列を表示させよう。

▶実行結果

Hello world!

▶ プログラムを入力して実行しよう

　プログラムは半角文字で入力します。また，Python では大文字と小文字を区別します。プログラム入力時に，半角文字かどうか，また，大文字か小文字のどちらなのか確認をしながら入力しましょう（プログラムの左側の「1」という数字は，プログラムをわかりやすくするための行番号なので入力しません）。

プログラム1

```
1  print('Hello world!')
```

　プログラムを入力した後に実行すると，「Hello world!」と表示されます。
　しかし，もし「print」を「Print」と間違えて入力して実行した場合，次のようなエラーメッセージが表示されます。

NameError: name 'Print' is not defined

> プログラムでは print という命令を使って文字列を表示しています。エラーメッセージは，「Print」という名前の命令は定義されていないので使えない，という意味です。

　プログラムの「Print」を「print」に訂正して実行すると正しく表示されます。

▶ プログラムをくわしく見てみよう

　プログラムの「print」は，その次に続く（　）内の文字列を表示するという命令です。このように，ある機能をまとめた命令を関数といいます。また，print という関数は Python に最初から用意されている関数なので，組み込み関数といいます。

■**文字列を表示する**

print('表示したい文字列')

Pythonでは文字列の両側を「"」か「'」で囲って記述する必要があります。

プログラムの「'Hello world!'」はシングルクォーテーションで囲われており，Pythonでは文字列として扱われます。**文字列**とは文字の集まりのことです。もし，シングルクォーテーションがなければ，Pythonは「Hello」や「world!」が「print」と同じように命令をあらわしているのか，それとも文字列をあらわしているのか理解できないので注意しましょう。なお，文字列には全角文字を扱うことができます。

文字列を「"」か「'」で囲むことを忘れないようにね。どちらでもいいけど，どちらか統一させよう。本書では「'」で統一してるよ。

▶ プログラムを追加してみよう

次のプログラムを見て，2行目を追加して実行してみましょう。

プログラム2
1　print('Hello world!')
2　print('ようこそ，プログラミングの世界へ！')

▶実行結果

```
Hello world!
ようこそ，プログラミングの世界へ！
```

このように，プログラムは記述されている順番に上から下に実行されます。これを，順次構造といいます。ほかにも分岐構造（➡P21）や反復構造（➡P33）があり，すべてのプログラムの流れは基本的にはこの3つの組み合わせでできています。

◀◀◀◀◀ 練習問題 ▶▶▶▶▶

1-1　次のような自己紹介文を表示してみよう。

▶実行結果

```
こんにちは。
私の名前は〇〇です。
私の趣味は〇〇です。
```

※〇〇の内容は自分で考えよう。

4 My 電卓の作成

計算式を入力し，計算結果を表示しよう。

▶実行結果

220	← 100 ＋ 120 の結果を表示
284	← 71 × 4 の結果を表示
256	←(5 − 3)× 128 の結果を表示
2 の 24 乗は 16777216 です	

▶ Python を使って計算してみよう

　みなさんは普段計算するときに筆算や暗算をしたり，電卓を使ったりするでしょう。ここでは Python を使って計算してみましょう。

```
プログラム 3
1  print(100 + 120)
2  print(71 * 4)
3  print((5-3) * 128)
4  print('2 の 24 乗は', 2 ** 24, 'です')
```

　たし算やひき算，比較などの計算処理に使う記号のことを**演算子**といいます。なかでも，たし算やひき算などの計算をするときに使う記号のことを**算術演算子**といいます。

	算術演算子	例	結果
たし算	+	2 ＋ 3	5
ひき算	-	5 − 2	3
かけ算	*	3 * 2	6
わり算	/	5 / 2	2.5
わり算の商（整数部）	//	5 // 2	2
わり算の余り	%	5 % 2	1
るい乗（べき乗）	**	2 ** 3	8

▶ 複数の文字列の表示

print 関数はカンマで区切って複数の文字列を表示することができます。

4 `print('2 の 24 乗は', 2 ** 24, 'です')`

┌─────────┐ ┌─────────┐ ┌─────┐
│ 2 の 24 乗は │ │ 16777216 │ │ です │
└─────────┘ └─────────┘ └─────┘

> 2 ** 24 の結果は自動的に文字列に変換されてから表示されます。

カンマで区切った文字列と文字列は，区切り文字で区切られて表示されます。区切り文字は，sep で指定することができます。例 1 のように sep を省略すると，初期値として半角スペースが指定されるので，半角スペースで区切られて表示されます。例 2 のように sep にシングルクォーテーションを 2 つ続けて指定すると，区切り文字として何も指定しないことになります。

例 1 `print('私の名前は', '浅川です')`

→ ▶実行結果   私の名前は 浅川です

└─ 何も指定していないので半角スペースで区切られる

例 2 `print('私の名前は', '浅川です', sep='')`   ◀ シングルクォーテーション 2 つ

→ ▶実行結果   私の名前は浅川です

└─ スペースが入らずに表示される

▶ プログラムを見やすくするための工夫

プログラムは想定しているとおりに実行することが何より重要ですが，それだけでなく，見やすくわかりやすいプログラムを書くことも大切です。次の 2 つは見やすいプログラムを書くための例です。

▶ **カンマのあとに半角スペースを入れる** ・・・・・・・・・・・・・・・・・・

print 関数に限らずカンマのあとは半角スペースを入力して，プログラムを見やすくすることがすすめられています。

4 `print('2 の 24 乗は', 2 ** 24, 'です')`

演算子の左右には半角スペースを入れることがすすめられています。半角スペースがなくてもプログラムは同じ動作をしますが，とてもプログラムが見にくくなります。

半角スペースがない場合

```
print(1+23+4+56+7+89)
```
···　文字がつまっていて見にくい

↓

半角スペースがある場合

```
print(1 + 23 + 4 + 56 + 7 + 89)
```
···　見やすく理解しやすい

見にくいプログラムはミスが起きやすくなるだけでなく，他人と協力してプログラムをつくるさいや自分がつくったプログラムを将来変更するさいにとてもわかりにくくなります。見やすいプログラムをつくることを心がけましょう。

▶▶▶ 深くまなぶ

ただし，「加算（+）」と「乗算（*）」など優先順位の異なる演算子が混じっている場合は，優先順位の低い演算子の左右にだけ半角スペースを入れたほうが見やすい場合もあります（例　11 ページの「ハラハラドキドキ」プログラム）。また，print 関数の sep など，あらかじめ用意されている項目では，「=」の左右に半角スペースを入れないほうが見やすかったりします。

▶ 文字列と数値

算術演算子である「+」や「*」はたし算やかけ算をあらわしますが，文字列に対して使用すると違ったはたらきをします。

たし算をあらわす「+」を文字列に使用すると，文字列を連結します。

例　`print('私の名前は' + '高橋です')`

→　▶実行結果　| 私の名前は高橋です |

かけ算をあらわす「*」を文字列に使用すると，*で指定した回数だけ文字列を繰り返します。

例　`print('好き' * 10)`

→　▶実行結果　| 好き好き好き好き好き好き好き好き好き好き |

これらを組み合わせると，次のようなプログラムを作成できます。

例　print('ハラ'*2 + 'ドキ'*2)

→　▶実行結果　　ハラハラドキドキ

たし算やひき算などで計算できる数字のことをプログラミングでは**数値**といいます。数値はシングルクォーテーションで囲まずに数字をそのまま記述します。数字をシングルクォーテーションで囲むと文字列になるので注意しましょう。

| print(2 + 3) | → | 数値の2と数値の3をたして「5」と表示 |

| print('2' + '3') | → | 文字列の「2」と文字列の「3」を連結して「23」と表示 |

少しむずかしいけど，数値と文字列の違いはとても重要！
間違うとプログラムの結果が変わるので，注意しましょう！

◀◀◀◀◀　練習問題　▶▶▶▶▶

1 – 2　次の計算の答えを Python を使って表示しよう。

- ・13 ＋ 35
- ・5 × 15
- ・5 ＋ 2 と 30 － 10 の計算結果をかけたもの

1 – 3　次のように表示するプログラムを作成しよう。

▶実行結果

5 の 3 乗と 70 をたした数字は 195 です

└─ 直接「195」と入力せずに，
式を入力して表示させよう。

1 – 4　次のように表示するプログラムを作成しよう。

▶実行結果

「みりん」と 10 回言ってみよう。
みりん　みりん　みりん　みりん　みりん　みりん　みりん　みりん　みりん　みりん
鼻の長い動物は？

5 おしゃべり オウムの飼育

プログラムをつくってみよう

オウムのオーちゃんと会話をしよう。

▶実行結果

あなたの名前はなんですか？▓← 例：「中川」と入力

わたしはオウムの オーちゃん です

こんにちは！ 中川 さん

※▓は文字を入力するカーソルをあらわします。

コンニチハ！

▶ ユーザーが入力した文字列を受け取る

プログラムを実行すると「あなたの名前はなんですか？」と表示され，入力待ちの状態になります。

プログラム 4

```
1  input('あなたの名前はなんですか?')
```

■ユーザーが入力した文字列を読み込む
　　input（'入力をうながす文字列'）

しかし，このままではユーザーが名前を入力しただけで，そのあとに利用することができません。あとでオウムのオーちゃんに「こんにちは！○○さん」とおしゃべりしてもらうためには，入力した文字列をどこかに保管しておく必要があります。

あなたの名前はなんですか？ 中川
わたしはオウムの オーちゃん です
こんにちは！ 中川 さん

保管しておく →　　中川

呼び出して使用する

変数の利用

　文字列や数値を保管するためには**変数**というしくみを利用します。変数とは，特定の名前をつけた，データの保存場所のことです。値を保存することのできる箱にたとえられます。この保存場所につけられた特定の名前のことを**変数名**といいます。また，変数の値を変更することを**代入**といいます。

	プログラム5
1	namae = input('あなたの名前はなんですか?')　　　　　　　　入力した値をnamaeに代入

> プログラム中の赤文字は解説をあらわします。
> プログラムとして入力しません。

namae

ユーザーが入力した値をnamaeという名前のついた場所に保管する

あなたの名前はなんですか？　中川

中川

> namaeという変数名の変数に「中川」という文字列を代入する，ということだね。

変数に保存した値を使うには，変数名をそのまま指定します。

	プログラム6
1	namae = input('あなたの名前はなんですか?')
2	print('わたしはオウムの　オーちゃん　です')
3	print('こんにちは!', namae, 'さん')

namae

変数に代入されている値が取り出される

中川

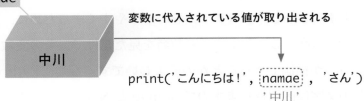

print('こんにちは!', namae , 'さん')
'中川'

▶ 代入演算子

```
1   namae = input('あなたの名前はなんですか?')
```
左辺　　　　代入する　　　　右辺

変数に値を代入するとき，「＝」を使用します。これを**代入演算子**といいます。数学で使われる「＝」とは違い，プログラミングでは右辺を左辺に代入するときに使われます。

代入演算子の使用例1

```
namae = '原田'
print(namae)
```
「原田」と表示される

代入演算子の使用例2

```
nen = 17
nen = 18        ← 18で上書きされる
print(nen)
```
「18」と表示される

▶ 変数になれよう

12ページの「こんにちは！ 中川 さん」という実行結果だけを見ると，プログラムの3行目は変数namaeを使わずに print('こんにちは！ 中川 さん') と入力してもよさそうです。しかし，そうするとユーザーがどのような名前を入力しても，つねに「こんにちは！ 中川 さん」と表示されるので注意が必要です。

なお，オウムの名前「オーちゃん」にも変数を利用すると次のようになります。

プログラム7

```
1   oumu = 'オーちゃん'
2   namae = input('あなたの名前はなんですか?')
3   print('わたしはオウムの', oumu, 'です')
4   print('こんにちは!', namae, 'さん')
```

▶ 変数名のつけ方

Pythonで使用できないと決められている語句（ifやandなど）以外であれば，自由に変数名をつけることができます。しかし，プログラムをわかりやすくするために，変数名は変数の中身や役割をあらわす名称にしましょう。変数名を見ただけで，その変数にはどのような値が保存されているのか推測できることがのぞましいです。なお，Pythonではアルファベットの大文字と小文字は区別されますのでnamaeとNamaeは別の変数になるので注意しましょう。

変数名のつけ方の例

年齢を代入する変数の場合	→	nenrei　nen　age　など
名前を代入する変数の場合	→	namae　name　など
敵の体力を代入する変数の場合	→	tekinoTairyoku　Teki_HP　など

◀◀◀◀◀ 練習問題 ▶▶▶▶▶

1 - 5　おしゃべりオウムの名付け親になろう。

▶実行結果

あなたの名前はなんですか？ ■ ← 例：「恵理」と入力
わたしの名前はなんでしょう？ ■ ← 例：「ソラ」と入力
わたしは ソラ ちゃん　あなたは 恵理 さん ┐ 入力した内容によって
恵理 さん，はじめまして！ ┘ 名前が変化する

ほかにも，オウムがみんなの年齢を聞いてきたり，趣味を聞いてきたり…いろいろとアレンジをしてオウムを育てよう。

▶▶▶ 深くまなぶ

　print 関数の（　）のなかは，print('Hello') のように文字列を入力するのですが，print(100) のように（　）のなかに文字列ではなく数値を入れても，正しく 100 と表示されます。これは，数値を自動的に文字列に変換してから表示しているからです。

　14 ページの代入演算子の使用例 2 でも，変数 nen には 18 という数値が代入されています。それを，print(nen) で表示するさいには 8 ページと同様に print 関数の内部で自動的に変数 nen のなか身が文字列に変換されています。

　このように print 関数が数値を自動的に文字列に変換してくれていますが，厳密には，数値を文字列に変換する str 関数を使って，print(str(nen)) とプログラムを書くほうが丁寧かもしれませんね。

6 | Python で人生設計

プログラムをつくってみよう

あなたが生まれてからの時間と，これからの時間を Python に計算させよう。

▶実行結果

あなたは何歳ですか？██← 例：16 と入力

来年は 17 歳です

生まれてから・・・

5840 日

140160 時間

85 歳まで・・・

25185 日

604440 時間

➡ エラーメッセージ

ユーザーに年齢を入力してもらい，その年齢に 1 プラスした値を表示したいと考えて次のようなプログラムを作成しました。

プログラム8

1	`nen = input('あなたは何歳ですか?')`	例：16 と入力する
2	`print('来年は', nen + 1, '歳です')`	「来年は 17 歳です」と表示される？

しかし，実行すると次のようなエラーが表示されます。

↓

`TypeError: can only concatenate str (not "int") to str`

これは，「str（文字列のこと）と結合できるのは str だけ（int（整数のこと）ではない）」という意味です。つまり，変数 nen で入力された「16」という数字は文字列として扱われており，数値である「1」とは結合できない，ということです。

| 1 | nen = input('あなたは何歳ですか?') | 例：16 と入力する |

文字列 '16' として代入される

| 2 | print('来年は', nen + 1, '歳です') |

文字列　数値

文字列と数値は結合できないのでエラーになる

➡ 文字列を数値に変換する

　これは，input 関数が読み込んだデータはすべて文字列として扱うために起きるエラーです。input 関数で読み込んだ数字を，読み込んだあとに計算に使用するのであれば，int 関数で文字列から数値に変換しておきましょう。

■文字列の数字を整数の数値に変換する
　　int（文字列の数字）

プログラム 9		
1	nen = input('あなたは何歳ですか?')	例：16 と入力する
2	nen = int(nen)	文字列の '16' を数値に変換して，nen に代入しなおす
3	print('来年は', nen + 1, '歳です')	「来年は 17 歳です」と表示される

　なお，どの段階で数値に変換するかによってさまざまなプログラムが考えられます。プログラム 9 〜 11 はすべて同じ結果が表示されます。

数値と加算する直前に int 関数で数値に変換する

プログラム 10		
1	nen = input('あなたは何歳ですか?')	
2	print('来年は', int(nen) + 1, '歳です')	加算する直前に数値に変換

入力と同時に数値に変換して変数 nen に代入する

プログラム 11		
1	nen = int(input('あなたは何歳ですか?'))	入力と同時に数値に変換
2	print('来年は', nen + 1, '歳です')	

▶ 変数の値を1プラスする

プログラム 9 〜 11 では，変数 nen の値に 1 プラスしてから表示しています。これは，次のようにプログラムを書くこともできます。

	プログラム 12	
1	nen = input('あなたは何歳ですか?')	例：16 と入力する
2	nen = int(nen)	文字列の'16'を数値に変換して，nen に代入しなおす
3	nen = nen + 1	nen に1プラスする
4	print('来年は', nen, '歳です')	「来年は 17 歳です」と表示される

プログラミングで使われる「=」は右辺を左辺に代入する，という意味です。

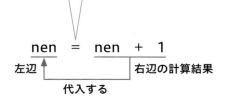

このように変数の値を 1 プラスすることを**インクリメント**といいます。また，変数の値を 1 マイナスすることを**デクリメント**といいます。

▶ 変数を計算に利用する

生まれてからの日数を計算するためには，365 日をかけ，生まれてからの時間を計算するにはさらに 24 時間をかければ求めることができます。

	プログラム 13	
1	nen = input('あなたは何歳ですか?')	例：16 と入力する
2	nen = int(nen)	
3	print('来年は', nen + 1, '歳です')	
4	print('生まれてから・・・')	
5	print(nen * 365, '日')	「5840 日」と表示される
6	print(nen * 365 * 24, '時間')	「140160 時間」と表示される

また，85歳までの年齢は，「85 − 年齢」で計算することができます。

7	nen = 85 − nen	nenに16が代入されている場合

69をnenに代入　　85 − 16の計算結果

8	print('85歳まで・・・')	
9	print(nen * 365, '日')	「25185日」と表示される
10	print(nen * 365 * 24, '時間')	「604440時間」と表示される

◀◀◀◀◀ **練習問題** ▶▶▶▶▶

1 − 6　次のように表示するプログラムを作成しよう。

▶実行結果

こんにちは
私は Python の勉強をしています

1 − 7　次のように好きな食べ物をたずねるプログラムを作成しよう。

▶実行結果

好きな食べ物はなんですか？█ ← 例：「たこ焼き」と入力
私も たこ焼き が好きです！

1 − 8　次のように点数を入力すると，満点まであと何点か表示するプログラムを作成しよう。

▶実行結果

点数を入力してください█ ← 例：「72」と入力
満点まで，あと 28 点です

1 − 9　商品名，単価，数量を入力すると，売上金額を表示するプログラムを作成しよう（売上金額は，単価×数量で求めよう）。

▶実行結果

商品名を入力してください█　←例：「パン」と入力
単価を入力してください█　←例：「150」と入力
数量を入力してください█　←例：「20」と入力
パン の売上金額は 3000 円です　←入力した商品名と計算した売上金額を表示

1 テキストRPG

ゲームの遊び方

主人公の名前を入力します。数字を選んで入力し，冒険を進めていきます。

▶実行結果

主人公の名前を入力してください：

↑
例：「カイ」と入力

***** カイ の冒険 *****

お城を出た。どちらに進む？（左：1，右：2）

↑
例：「1」と入力

敵があらわれた　　　　　　　　　　　　　　>>> 冒険は進む…

▶ 主人公の名前の入力と表示

　最初に主人公の名前をユーザーに入力してもらって変数に代入し，その変数を使用して「○○の冒険」と表示します。そして，どちらに進むか「1」か「2」を入力してもらい，その入力した内容を変数に代入します。

プログラム 14

```
1  namae = input('主人公の名前を入力してください：')
2  print('*****', namae, 'の冒険 *****')
3  miti = int(input('お城を出た。どちらに進む？（左：1，右：2）'))
```

　ここでは，ユーザーに「左」や「右」と入力してもらうのではなく，「1」や「2」と入力してもらうようにしています。これは，「左」と入力するよりも「1」のほうが入力しやすいからです。このように数字で入力してもらうと，「左」と入力するつもりが「ひだり」や「ヒダリ」と入力して，その後の処理がうまく実行されないということをふせぐこともできます。

　また，入力した数字はあとで比較しやすくするためにint関数で数値に変換しています。

条件に応じて処理を分ける

　このゲームではお城を出た後に左か右のどちらに進むか選択します。左に行った場合は敵があらわれ，右に行った場合は武器屋にたどり着くように処理を分けます。

プログラムの動作イメージ

主人公の名前を入力する

どちらに進む？

左を選ぶ → 敵があらわれる

右を選ぶ → 武器屋にたどり着く

　このように条件に応じて処理を分けることを**分岐構造**といいます。分岐構造は if 文であらわします。

■条件に応じて処理を分ける

　　if 条件式：
　　　　条件式を満たした場合の処理
　　else:
　　　　条件式を満たさなかった場合の処理

　コロン「：」の入力を忘れないようにしましょう。また，処理は複数行入力できます。

　条件式を満たさなかった場合の処理がない場合は，else: を省略できます。

	プログラム 15 　　　　　　　　　　　**マーカー部分** がプログラムの変更や追加箇所をあらわす
1	namae = input('主人公の名前を入力してください：')
2	print('*****', namae, 'の冒険 *****')
3	miti = int(input('お城を出た。どちらに進む？（左：1，右：2）'))
4	if miti == 1:　　　　　　　　　　　　　　miti が 1 と等しいかどうか
5	print('敵があらわれた')　　　　　　　miti が 1 と等しかった場合の処理
6	else:
7	print(namae, 'は武器屋にたどり着いた')　　　等しくなかった場合の処理

if 文をくわしくまなぶ

追加したプログラム部分は次のとおりです。

```
4   if miti == 1:
5       print('敵があらわれた')
6   else:
7       print(namae, 'は武器屋にたどり着いた')
```

if 文の使用は慣れるまで難しく感じます。ここでは，くわしく if 文をまなびましょう。

▶比較演算子

「miti == 1」という式の「==」のように，式を比較するための記号のことを**比較演算子**といいます。年齢を代入した変数 nen を例に示すと次のとおりです。

比較演算子	意味	式の例	
<	未満，より小さい	nen < 15	15 歳未満
<=	以下	nen <= 15	15 歳以下
>	より大きい	nen > 15	15 歳より大きい
>=	以上	nen >= 15	15 歳以上
==	等しい	nen == 15	15 歳と等しい
!=	等しくない	nen != 15	15 歳以外

▶インデント

行の開始位置をずらすことを**インデント**（字下げ）といいます。Python ではインデントされている場所を意味のあるひとつのまとまりとして認識します。

```
4   if miti == 1:              ←インデント
5   [    ]print('敵があらわれた')
6   else:                      ←インデント
7   [    ]print(namae, 'は武器屋にたどり着いた')
```

if 文では，どこが条件式を満たした場合の処理なのか，どこが満たしていない場合の処理なのかを示すためにインデントする必要があります。多くのプログラミング言語ではインデントは半角スペース 4 つであらわされます。本書もインデントは半角スペース 4 つで統一しています。なお，必要のない場所にインデントがあったり，必要な場所にインデントがなかったりするとエラーになります（unexpected indent など）。Python ではインデントがとても大切ですので注意しましょう。

▶インデントがなかった場合

武器屋にたどり着いた場合，武器を購入するようにしましょう。しかし，次のようなプログラムだと武器屋に行かなくても武器を購入したことになってしまいます。

4	`if miti == 1:`	条件式を満たした場合
5	`    print('敵があらわれた')`	
6	`else:`	条件式を満たさなかった場合
7	`    print(namae, 'は武器屋にたどり着いた')`	
8	`print('武器を購入した')`	インデントがないので if 文が終わったと判断される

▶実行結果（どちらに進むかたずねられて「1」と入力した場合）

お城を出た。どちらに進む？（左：1，右：2）1
敵があらわれた
武器を購入した　←武器屋に行っていないのに？

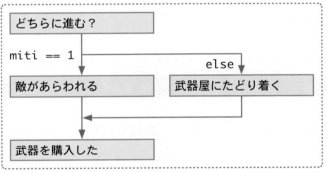

この場合は，8行目の処理をインデントして7行目と同じまとまりにする必要があります。

4	`if miti == 1:`	条件式を満たした場合
5	`    print('敵があらわれた')`	
6	`else:`	条件式を満たさなかった場合
7	`    print(namae, 'は武器屋にたどり着いた')`	
8	`    print('武器を購入した')`	

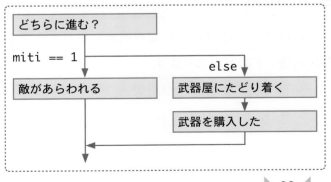

インデントがあるかないか
という違いだけで
プログラムの処理がかわる！

▶ 複数の条件式で処理を分ける

　お城を出たら，左か右に進むだけでなく，まっすぐに進むという3つ目の選択肢も追加してみましょう。その場合，入力された値が1かどうかを比較する条件式だけでは処理を3つに分けることができないので，ほかにも条件式を追加する必要があります。複数の条件式を設定する場合は elif を使います。

■**複数の条件に応じて処理を分ける**

　　　if 条件式1：

　　　　　条件式1を満たした場合の処理

　　　elif 条件式2：

　　　　　条件式1を満たさずに条件式2を満たした場合の処理

　　　…

　　　else：

　　　　　すべての条件式を満たさなかった場合の処理

elif は複数設定することができます。

| プログラム 16 | マーカー部分 がプログラムの変更や追加箇所 |

```
     ...
3    miti = int(input('お城を出た。どちらに進む？（左：1，右：2，まっすぐ：3）'))
4    if miti == 1:
5        print('敵があらわれた')
6    elif miti == 2:
7        print(namae, 'は武器屋にたどり着いた')
8        print('武器を購入した')
9    else:                        miti が 1，2 以外の数値のとき
10       print('家に帰った')
```

▶ 処理のなかに処理を加える

　敵があらわれてから，「たたかう」か「逃げる」か選択する if 文を追加しましょう。そのためにはプログラム 16 の 5 行目の内容を増やす必要があります。

```
   ...
4  if miti == 1:
5      print('敵があらわれた')
6      teki = int(input('どうする?（たたかう：1，逃げる：2)'))
7      if teki == 1:
8          print('たたかう武器を持っていない！')
9          print(namae，'は 10 のダメージを受けた')
10     else:
11         print('無事に逃げることができた')
12 elif miti == 2:
13     print(namae，'は武器屋にたどり着いた')
14     print('武器を購入した')
15 else:                    miti が 1，2 以外の数値のとき
16     print('家に帰った')
```

← if 文のなかに if 文を追加する

このように処理のなかにさらに処理が入る構造のことを**ネスト**（入れ子）といいます。

◀◀◀◀◀ 練習問題 ▶▶▶▶▶

2-1 プログラムの 17 行目以降に次の日の冒険を追加しよう。下記の「次の日の冒険内容」を参考にして，どのような文章を表示するか，どのようにユーザーに選んでもらうかを考えて，自分でプログラムを作成しよう。

次の日の冒険内容

> 次の日は遠くに旅に出ることにした
> どの乗り物で旅に出るかユーザーに選択してもらう
> 船で旅に出る場合　→　アメリカに到着する
> 馬で旅に出る場合　→　スペインに到着する

2-2 冒険を自由に追加してオリジナル RPG ゲームを作成しよう。

2 レアキャラを ゲットせよ

ゲームの遊び方

ガチャの種類を選択し，レアキャラをゲットしよう。

▶実行結果

レアキャラをゲットせよ
どちらをまわす？（1: 高級ガチャ，2: 普通のガチャ）：■←「1」か「2」を入力

激レアキャラをゲットした！

レアキャラをゲットした！

ノーマルキャラをゲットした

➡ ガチャのしくみ

　今回作成するガチャのしくみは次のようになっています。ランダムな数字（乱数）を使って出てくるキャラのレア度を変えるようにしています。

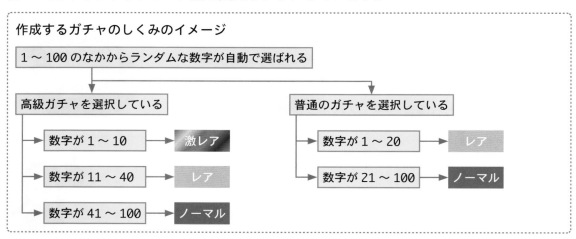

作成するガチャのしくみのイメージ

1 〜 100 のなかからランダムな数字が自動で選ばれる

高級ガチャを選択している

数字が 1 〜 10 → 激レア
数字が 11 〜 40 → レア
数字が 41 〜 100 → ノーマル

普通のガチャを選択している

数字が 1 〜 20 → レア
数字が 21 〜 100 → ノーマル

乱数

Python で乱数を使用する方法はいくつかありますが，ここでは random モジュールの randint 関数を使用します。

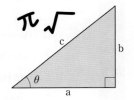

▶ モジュールと import

モジュールとはプログラムの部品が入っているファイルのことです。たとえば，円周率や平方根，三角関数などの数学関連の計算をするための部品は math モジュールのなかに入っています。

random モジュールは，さまざまな乱数を生成する部品を持っています。

プログラムでモジュールを使うためには，そのモジュールをプログラムに取り込む必要があります。モジュールを取り込むことを **インポート** といい，import 文を使います。

> ■ **モジュールをインポートする**
>   import　モジュール名

今回は randint 関数で乱数を生成するため，random モジュールをインポートします。その後，タイトルを表示し，「高級ガチャ」か「普通のガチャ」のどちらをまわすか選んでもらいます。

	プログラム 18	
1	`import random`	random モジュールのインポート
2	`print('レアキャラをゲットせよ')`	タイトルの表示
3	`syurui = int(input('どちらをまわす？(1: 高級ガチャ, 2: 普通のガチャ)'))`	

▶ randint 関数

random モジュールのなかにある randint 関数は，指定した範囲の整数の乱数を発生させることができます。インポートしたモジュールのなかにある部品を使用するには，「モジュール名」にドット「.」を続けて指定します。

> ■ **値1 以上で 値2 以下の整数の乱数を発生させる**
>   random.randint(値1, 値2)

今回は 1 ～ 100 の範囲で乱数を発生させたいので 4 行目に次のプログラムを追加します。変数名は「ランダムな番号」という意味を持たせて「randNo」と名付けました。

4	`randNo = random.randint(1, 100)`

➡if 文のネストで作成する

26 ページのガチャのしくみを if 文のネストで作成すると次のようなプログラムになります。

	プログラム 19	
	...	
5	if syurui == 1:	高級ガチャを選択した場合
6	if randNo <= 10:	数字が 1 ～ 10
7	print('激レアキャラをゲットした!')	
8	elif randNo <= 40:	数字が 11 ～ 40
9	print('レアキャラをゲットした!')	
10	else:	数字が 41 ～ 100
11	print('ノーマルキャラをゲットした')	
12	else:	普通のガチャを選択した場合
13	if randNo <= 20:	数字が 1 ～ 20
14	print('レアキャラをゲットした!')	
15	else:	数字が 21 ～ 100
16	print('ノーマルキャラをゲットした')	

このプログラムでも動作しますが，9 行目と 14 行目，11 行目と 16 行目が同じ処理になっており，プログラムが重複して少し効率が悪くなっています。

➡論理演算子

そこで，26 ページのガチャのしくみを別の視点で考えてみると，次のようにあらわすことができます。この考えだとプログラムの重複をなくすことができます。

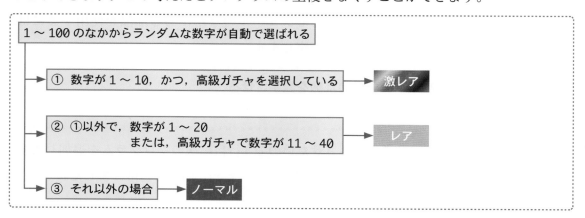

この場合は，数字がどうかということとガチャの種類は何かということの2つの条件を一緒に考える必要があります。このように複数の条件の結果を用いて計算することを**論理演算**といい，プログラムでは**論理演算子**を使います。

年齢を代入した変数 nen を比較する式を例に示すと次のとおりです。

論理演算子	意味	使用例
and	かつ	15歳以上かつ18歳以下 nen >= 15 and nen <= 18
or	または	11歳以下か65歳以上 nen <= 11 or nen >= 65
not	ではない	18歳ではない　not nen == 18

> 比較演算子を使って「nen != 18」とあらわしてもよいです。

28ページのガチャのしくみを論理演算子を使って作成すると次のようなプログラムになります。処理の考え方を変えただけですので，プログラム19と同じ結果をあらわします。

	プログラム 20	
	...	
5	`if randNo <= 10 and syurui == 1:`	①数字が1〜10，かつ，高級ガチャを選択
6	`    print('激レアキャラをゲットした!')`	
7	`elif randNo <= 20 or (randNo <=40 and syurui == 1):`	
8	`    print('レアキャラをゲットした!')`	② ①以外で，数字が1〜20
9	`else:`　③それ以外の場合	または，高級ガチャで数字が11〜40
10	`    print('ノーマルキャラをゲットした')`	

> プログラム19とプログラム20は同じ結果だけど，プログラムの処理の仕方が違うよ。このように同じ結果でも考え方によってプログラムが変わるところがプログラミングのおもしろいところだよね。みんななら，どっちのプログラムが好きかな？

コメント

プログラムに書かれる，プログラムに影響を与えないメモのことを**コメント**といいます。プログラムが長くなったり，処理が複雑になったりしてくると，プログラムのどの部分で何をしているのかが理解しにくくなります。その場合，適切にコメントを書いてプログラムをわかりやすくする必要があります。Python では「#」のあとに入力した行末までの文字はコメントとして扱われて実行時には無視されます。

また，処理の区切りに空白行を挿入すると，よりプログラムが見やすくなります。

「レアキャラをゲットせよ」プログラムにコメントや空白行を挿入して処理をわかりやすくしてみましょう。

	プログラム 21
1	import random
2	print('レアキャラをゲットせよ')
3	# ガチャの種類を選択する
4	syurui = int(input('どちらをまわす？ (1: 高級ガチャ, 2: 普通のガチャ)'))
5	
6	# 乱数を設定する
7	randNo = random.randint(1, 100)
8	
9	# ガチャの種類と乱数に応じて出てくるキャラを分ける
10	if randNo <= 10 and syurui == 1:
11	print('激レアキャラをゲットした！')
12	elif randNo <= 20 or (randNo <=40 and syurui == 1):
13	print('レアキャラをゲットした！')
14	else:
15	print('ノーマルキャラをゲットした')

コメントや空白行を追加するとプログラムは長くなりますが，その分，プログラムがわかりやすくなります。「どういうコメントを追加すれば処理をわかりやすく説明できるか」ということを考えてコメントを入力しましょう。

2-3 　乱数を使ったおみくじで運勢を占おう。実行すると乱数を設定し，次の基準で運勢を表示しよう。

乱数	運勢
1 ～ 16	大吉
17 ～ 51	吉
52 ～ 70	小吉
71 ～ 100	凶

▶実行結果

あなたの運勢は・・・
小吉です

2-4 　あなたと乱数のランちゃんの年齢を比較しよう。ランちゃんの年齢は 14 歳 ～ 20 歳の範囲でランダムに決まります。

▶実行結果

あなたは何歳ですか？■←例：16 と入力
私は 19 歳だよ←ランちゃんの年齢はランダムに決まる
年下なんだね

年上なんですね

年下なんだね

同い年だね！

2-5 　年齢に応じて割引をするプログラムをつくろう。11 歳 ～ 18 歳は 2 割引，10 歳以下か 70 歳以上なら 4 割引，それ以外は割引なしです。それぞれ，年齢に応じて「2 割引です」「4 割引です」「割引はありません」と表示しよう。

▶実行結果

年齢を入力して下さい■←例：15 と入力
2 割引です

3 秘密の扉をあけよう

ゲームの遊び方

ヒントを頼りに秘密の扉をあける番号を探り当てよう。チャンスは3回です。

▶実行結果

> 秘密の扉をあける番号（1 ～ 20）を入力しよう
> 何番だと思いますか？← 例：「12」と入力

> もっと小さいよ
> 何番だと思いますか？← 例：「5」と入力

> もっと大きいよ
> 何番だと思いますか？▓   >>>   もっと大きいよ
>   正解は 10 でした・・・

↑
例：「8」と入力

▶ プログラムの流れ

まずはプログラムの流れを確認しましょう。

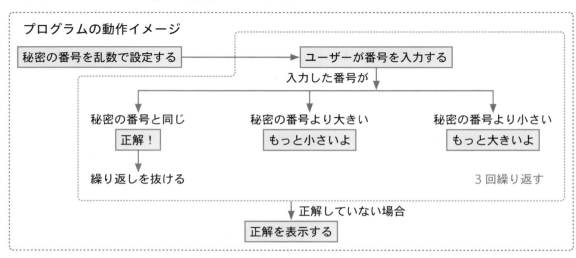

▶ 繰り返さずに一発勝負で秘密の扉をあける

まずは1回だけ挑戦するプログラムをつくりましょう。

	プログラム 22
1	`import random`
2	`print('秘密の扉をあける番号（1～20）を入力しよう')`
3	`kotae = random.randint(1, 20)` 1～20の乱数を秘密の番号に代入する
4	`kaitou = int(input('何番だと思いますか?'))`
5	`if kaitou == kotae:`
6	`print('正解!')`
7	`elif kaitou > kotae:` 入力した番号（kaitou）と
8	`print('もっと小さいよ')` 秘密の番号（kotae）を比較する
9	`else:`
10	`print('もっと大きいよ')`
11	`if kaitou != kotae:` 正解でない場合は
12	`print('正解は', kotae, 'でした・・・')` 正解を表示する

このプログラムの4～10行目を繰り返すことで何度でも挑戦することができます。

▶ 処理を繰り返す

プログラムを繰り返すことを**反復構造**といいます。反復構造はfor文であらわします。

> ■**処理を繰り返す**
>   **for 変数 in range（回数）:**
>   処理
> 繰り返したい処理はインデントします。

　繰り返し処理に使う変数は何でもよいですが，プログラミングでは慣習的に変数iが使用されます。この変数に0を代入し，その後，変数を1ずつ増加させて回数−1になるまで繰り返します。

　たとえば，for i range(5): の場合，最初はiに0が代入され，処理を実行した後にiに1が代入され，そして処理を実行し…最後はiに4が代入され処理を実行して繰り返しが終わります。つまり，変数に0，1，2，3，4が代入される5回分処理を繰り返すことになります。

3回繰り返す

それでは回答の入力と秘密の番号の比較部分を3回繰り返しましょう。以下のプログラムの4行目を追加し，繰り返す処理（5〜11行目）をインデントします。

	プログラム23
1	`import random`
2	`print('秘密の扉をあける番号（1〜20）を入力しよう')`
3	`kotae = random.randint(1, 20)` 　　　　1〜20の乱数を秘密の番号に代入する
4	`for i in range(3):` ←　追加
5	`kaitou = int(input('何番だと思いますか？'))`
6	`if kaitou == kotae:`
7	`print('正解！')` 　　　　iが0, 1, 2の間繰り返す
8	`elif kaitou > kotae:` 　　　　つまり，3回繰り返す
9	`print('もっと小さいよ')`
10	`else:`
11	`print('もっと大きいよ')`
12	`if kaitou != kotae:` 　　　　正解でない場合は
13	`print('正解は', kotae, 'でした・・・')` 　　　正解を表示する

▶繰り返しを途中で抜ける

これで3回繰り返すことができましたが，このままでは1回目や2回目で正解しても3回目の繰り返しが終わるまで，また回答を入力することになります。正解した場合は繰り返し処理を抜け出す必要があります。繰り返し処理を強制的に終了するにはbreak文を使います。

> ■繰り返し処理を強制的に終了する
> 　　break

プログラム23の7行目と8行目の間に「break」を追加して，正解すると繰り返し処理を抜けるようにしよう。

7	`print('正解！')`
8	`break` ←　追加
9	`elif kaitou > kotae:`

さまざまな繰り返し処理

　繰り返し処理はプログラミングにおいてとても重要です。復習のために，繰り返し処理を使ったプログラムを2つ紹介します。

数字の0 ～ 20までを表示する

プログラム24
1 `for i in range(21):`
2 　　`print(i)`

1 ～ 100の乱数を10個表示する

プログラム25
1 `import random`
2 `for i in range(10):`
3 　　`print(random.randint(1,100))`

◀◀◀◀◀ 練習問題 ▶▶▶▶▶

2 - 6　繰り返し処理を使って，10 ～ 30までの数字を表示しよう。

▶実行結果

```
10
11
…
30
```

2 - 7　空港までの直通バスに何人乗っているか計算しよう。バス乗り場は最初の乗り場を含めて5か所あります。1度にバスには1 ～ 10人がランダムに乗車してきます。乗客はバスに乗ってくるだけで降りません。正解だと「正解です！」と表示し，不正解だと正解の人数を表示しよう。

▶実行結果

```
3人乗車しました
3人乗車しました
5人乗車しました
9人乗車しました
5人乗車しました
乗客は何人でしょう？██ ←例：「24」と入力
不正解です。答えは，25人です。
```

> ヒント：バスの乗客をあらわす変数は，最初は0人で設定しておこう。そうしないと，変数が使えません。その後，乗車するごとにその人数分変数の値を増やそう。

ウサギとカメの競走

ゲームの遊び方

ウサギとカメの競走でどちらが勝つか予想しよう。

▶実行結果

「**ウサギ**」と「**カメ**」のどちらが勝つでしょう？←例：「カメ」と入力

```
カ
******************
ウ
カ
******************
ウ
カカ
******************
〜
ウウウウウウウウウ
カカカカ
******************
不正解です
```

カメが進めば「カ」
ウサギが進めば「ウ」
と表示されていく

▶条件を付けて処理を繰り返す

　このゲームでは，ウサギが進めば「ウ」という文字が伸びていき，カメが進めば「カ」という文字が伸びていきます。そして，どちらかが10歩進むまでその処理を繰り返し，10歩になったら繰り返しを抜けて最初に予想した結果と比較します。

　ここでは，for 文のように「○回繰り返す」と決まった回数を繰り返すのではなく，ウサギとカメが10歩進んでいない間は繰り返す，と条件を付けて処理を繰り返します。このように条件をつけて処理を繰り返す場合は while 文を使います。

■**条件を満たしている間は処理を繰り返す**
```
while 条件 :
        処理
```

　たとえば，ユーザーに点数を入力してもらい，「999」が入力されるまで点数をたし続けて最後に合計点数を表示する場合は次のようなプログラムになります。

プログラム 26

```
1  goukei = 0
2  ten = int(input('点数を入力して下さい'))
3  while ten != 999:          点数が 999 でない間は繰り返す    ← 条件
4      goukei = goukei + ten  合計に点数をたす
5      ten = int(input('点数を入力して下さい'))               } 処理
6  print(goukei)
```

▶**実行結果**

```
点数を入力して下さい 10
点数を入力して下さい 20
点数を入力して下さい 65
点数を入力して下さい 999
95
```

> 通常，点数には 0 ～ 100 が入力される。そのため，点数として入力されない「999」という数値をデータ入力の最後の合図として利用している。

▶**変数は使用する前に値を代入する**

　4 行目で合計点数に点数をプラスしています。1 行目でわざわざ 0 を代入しなくてもプログラムは動作しそうですが，1 行目の「goukei = 0」がなければ，「NameError: name 'goukei' is not defined」（goukei が定義されていません）というエラーになります。4 行目で変数を使用する前に，1 行目で goukei に 0 を代入して goukei という変数を使用することを Python に教えなければいけませんので注意しましょう。

▶**必ず繰り返しを抜けることができる条件にする**

　4・5 行目を繰り返す条件は「ten != 999」です。逆に考えると，繰り返しの終了条件は「ten == 999」です。もし，5 行目を忘れたら ten は 999 になることがないので永遠に処理を繰り返します。このように繰り返しの終了条件を満たすことなく永遠に処理を繰り返すことを**無限ループ**といいます。while 文を使うときは，無限ループにならないように気を付けましょう。

➡ プログラムの解説

ウサギとカメの競走ゲームを作成しましょう。

	プログラム 27	
1	`import random`	
2	`yosou = input('「ウサギ」と「カメ」のどちらが勝つでしょう?')`	
3	`usagi = 0`	usagi はウサギの歩数
4	`kame = 0`	kame はカメの歩数
5	`while usagi < 10 and kame < 10:`	
6	`    if random.randint(1, 2) == 1:`	
7	`        usagi = usagi + 1`	usagi < 10 かつ kame < 10 の間は
8	`    else:`	繰り返す
9	`        kame = kame + 1`	つまり, usagi か kame のどちらかが
10	`    print('ウ' * usagi)`	10 になったら繰り返しを抜け出す
11	`    print('カ' * kame)`	
12	`    print('******************')`	
13	`if (yosou == 'ウサギ' and usagi == 10) or (yosou == 'カメ' and kame == 10):`	
14	`    print('正解です')`	
15	`else:`	
16	`    print('不正解です')`	

　6行目で1か2のどちらかの乱数をつくり，その乱数が1だった場合はウサギを，そうでないならカメの歩数を1プラスします。

　10行目と11行目でウサギとカメの歩数分「ウ」と「カ」という文字列を表示します。（「*」を使った文字列の繰り返しは➡P10参照）

　13行目は論理演算子を使った少し複雑な処理になっています。

13	`if (yosou == 'ウサギ' and usagi == 10) or (yosou == 'カメ' and kame == 10):`

予想がウサギでウサギが勝った　　　　　　　　　予想がカメでカメが勝った

　論理演算子の and は or よりも優先順位が高いため，カッコ「（ ）」がなくてもプログラムは同じように動作します。しかし，カッコがあるほうがプログラムがわかりやすくなります。

2－8 検定試験に挑戦しよう。この検定試験は筆記テストと実技テストがあります。どちらも 70 点以上とれたら検定試験に合格します。合格するまで受験し続けましょう。

▶実行結果

```
検定試験に挑戦！
筆記テストは何点でしたか？ 60
実技テストは何点でしたか？ 80
もう１度検定試験を受験しましょう
筆記テストは何点でしたか？ 80
実技テストは何点でしたか？ 92
おめでとう！合格です
```

2－9 コンピュータが思い描いている数字を当てよう。コンピュータは 1 ～ 3 のランダムな数字を選びます。その数字を予想して，当たっていればあなたの勝ち，はずれればコンピュータの勝ちです。どちらかが 3 勝するまでコンピュータと遊ぼう。

▶実行結果

```
1 回目
私は 1 ～ 3 のどの数字を思い描いているでしょう？ 1
私は 1 を思い描いていました
正解です！
1 勝　0 敗
--------------------------------
2 回目
私は 1 ～ 3 のどの数字を思い描いているでしょう？ 2
私は 1 を思い描いていました
違います
1 勝　1 敗
--------------------------------
…
5 回目
私は 1 ～ 3 のどの数字を思い描いているでしょう？ 3
私は 3 を思い描いていました
正解です！
3 勝　2 敗
--------------------------------
あなたの勝ちです
```

素数を探せ

ミッション

最初に数値を入力し，その数までの素数をすべて表示しよう。

▶実行結果

どの数まで表示しますか？← 例：53 と入力
2　3　5　7　11　13　17　19　23　29　31　37　41　43　47　53

▶ 素数の探し方

　素数とは，2以上の自然数で，正の約数が1と自分自身の2個だけである数をいいます。たとえば，「3」の約数は1と3の2個しかないので素数ですが，「4」の約数は1と2と4の3個あるので素数ではありません。

　素数かどうかは，2から順番に割り算をして余りが0かどうか調べることで判定できます。余りが0になるということは約数があるということなので素数ではありません。

　たとえば，「12」を調べる場合，12 ÷ 2の余りを求めます。余りが0（約数があるということ）なので「12」は素数ではありません。「13」を調べる場合，13 ÷ 2の余りを求めます（余りは1）。次に13 ÷ 3の余りを求めます（余りは1）。次に13 ÷ 4…と進んでいき，最後は13 ÷ 12の余りを求めます（余りは1）。ここまで進むと，「13」は1と自分自身の2個しか約数がないということが証明できましたので素数ということがわかります。

プログラム28

1	`saigo = int(input('どの数まで表示しますか？'))`　　　例：53 と入力
2	`for i in range(2, saigo + 1):`　　　iは2〜53
3	`sosu = True`　　　最初はみんな sosu に True を代入
4	`for j in range(2, i):`　　　jは2〜(i−1)
5	`if i % j == 0:`　　　iをjで割った余りが0と同じか比較する
6	`sosu = False`　　　余りが0の時点で sosu に False が代入
7	`break`　　　内側の繰り返し（4〜7行目）を抜ける
8	`if sosu == True:`　　　sosu が True のままだった
9	`print(i, end=' ')`　　　素数として出力

end で末尾に出力する文字を指定します。通常は改行が指定されているので print 文を使うたびに改行されますが，今回は横に並べて出力したいので end に「' '」を指定します。

bool 型

正しい（真：True）か, 正しくない（偽：False）かの2つの
どちらかの値をとる型のことを **bool 型** といいます。3行目で
「sosu = True」とすることにより,「素数です」ということをあ
らわし, 6行目で「sosu = False」とすることにより,「素数で
はない」ということをあらわしています。

そして, 8行目で sosu に True が代入されたままかどうかを判
定しています。

8	`if sosu == True:`

実は if 文の条件式は結果として True か False になります。たとえば, if nen > 18: と
いう文の「nen > 18」は, 結果として nen が 18 より大きいことは「正しい」のか「正し
くない」のかということになります。

変数 sosu そのものが True か False をあらわしているので,「==」で True と比較し
なくても正しく動作します。

8	`if sosu:`

→ **True の場合, 9 行目が実行される**

「True」と「False」は頭文字だけ大文字なので入力するときは注意しましょう。

range 関数

range 関数は 33 ページのように回数を指定するだけでなく, 値を2つ渡して開始値と
終了値を指定することができます。

■開始値と終了値を指定して連続した数値を返す
　　range(開始値, 終了値)

開始値から終了値の1つ手前の数値までを結果として返します。終了値の数値まで表示
する場合は, 終了値の数値に +1 する必要があります。

1	`saigo = int(input('どの数まで表示しますか?'))`	例：53 と入力
2	`for i in range(2, saigo + 1):`	i は 2～53

なお, 5行目の「i % j」で i を j で割った余りを求めています。「%」は 8 ページを参照
してください。

2 いつ?どこで?ゲーム

ミッション

ランダムに，いつ，どこで，誰が，何をしたか表示しよう。

▶実行結果

今日の朝
教室で
お母さんが
ご飯を食べた

▶複数のデータをまとめる

いつ，どこで，誰が，何をしたかということをあらかじめ次のように決めておきます。それをランダムに呼び出すことにより，おもしろい文章をつくることができます。

いつ	どこで	誰が	何をした
昨日	家で	先生が	泣いた
今日の朝	教室で	お母さんが	ご飯を食べた
10 年後	お風呂場で	恋人が	—
—	トイレで	—	—

「いつ」が 3 個，「どこで」が 4 個，「誰が」が 3 個，「何をした」が 2 個の計 12 個の要素があるので，12 個の変数と if 文を使えば表示することができます。しかし，それでは大変効率の悪いプログラムになります。

このような場合は，複数のデータを 1 つの名前で管理するしくみである**リスト**を使います。リストはデータをカンマで区切って角カッコ [ ] で囲います。リストのなかの各データのことを**要素**といい，要素を特定する番号のことを**添字**（そえじ）といいます。

添字 ➡ 　0　　　1　　　2
itu = ['昨日', '今日の朝', '10 年後']
リストの名前　itu[0]　itu[1]　itu[2]

ここでは，itu という名前のリストに「昨日」「今日の朝」「10 年後」という 3 つの要素を代入しています。リストのなかのデータは，リスト名と添字で指定します。たとえば「昨日」というデータは，itu[0] と指定します。print(itu[1]) と指定すると「今日の朝」と表示されます。

▶ プログラムの解説

　リストを利用して，いつ？どこで？ゲームを作成しましょう。リストを 4 つ用意して，それぞれに「いつ」「どこで」「誰が」「何をした」かということを代入します。

	プログラム 29
1	import random
2	itu = ['昨日', '今日の朝', '10 年後']
3	doko = ['家で', '教室で', 'お風呂場で', 'トイレで']
4	dare = ['先生が', 'お母さんが', '恋人が']
5	nani = ['泣いた', 'ご飯を食べた']
6	rand1 = random.randint(0, 2)
7	rand2 = random.randint(0, 3)
8	rand3 = random.randint(0, 2)
9	rand4 = random.randint(0, 1)
10	print(itu[rand1])
11	print(doko[rand2])
12	print(dare[rand3])
13	print(nani[rand4])

リストにデータを代入する

itu の添字として利用する
doko の添字として利用する
dare の添字として利用する
nani の添字として利用する

各リストの要素を表示する

　6 ～ 9 行目で乱数を発生させて変数に代入し，その変数を添字として利用しています。たとえば，「いつ」を表示する場合だと次のような動作になります。

6	rand1 = random.randint(0, 2)

0，1，2 のいずれかの乱数を生成して rand1 に代入する

10	print(itu[rand1])

itu[0] か itu[1] か itu[2] のいずれかが表示される

二次元リスト

　リストのなかにリストを持たせて2つの添字で要素を指定するしくみを**二次元リスト**といいます。プログラム29では「itu」「doko」「dare」「nani」という4つのリストをつくっていました。これを二次元リストとして最初から1つにまとめることができます。二次元リストは表形式であらわすことができます。

リスト data

		横の位置		
	0	**1**	**2**	**3**
0	昨日	今日の朝	10年後　リスト	リスト
1	家で	教室で	お風呂場で	トイレで
2	先生が	お母さんが	恋人が　リスト	
3	泣いた	ご飯を食べた　リスト		

縦の位置

プログラム 30

```
1   import random
2   data = [
3       ['昨日', '今日の朝', '10年後'],
4       ['家で', '教室で', 'お風呂場で', 'トイレで'],
5       ['先生が', 'お母さんが', '恋人が'],
6       ['泣いた', 'ご飯を食べた']
7   ]
8   rand1 = random.randint(0, 2)
9   rand2 = random.randint(0, 3)
10  rand3 = random.randint(0, 2)
11  rand4 = random.randint(0, 1)
12  print(data[0][rand1])
13  print(data[1][rand2])
14  print(data[2][rand3])
15  print(data[3][rand4])
```

リストのなかにリストを入れている。カッコやカンマが多くて見にくくなるので、スペースや改行を工夫しよう。

リスト data にある一番上のリストから順に表示する。二次元配列を上の表のようにあらわした場合だと、添字は［縦の位置］［横の位置］と対応する。

二次元リストを使ったクイズゲーム

二次元リストを使えば，簡単にクイズゲームをつくることができます。

	0	1	2	3	4
0	日本の首都は？	京都府	東京都	大阪府	2
1	バスケットボールは１チーム何人でプレイする？	7人	6人	5人	3
2	むかしは「市」だったのが「県」になったのは？	兵庫県	和歌山県	滋賀県	3

問題文　　　　　　語群1　　　語群2　　　語群3　　正解の語群番号

※「正解の語群番号」は数値のため，シングルクォーテーションをつけずにリストに代入します。

プログラム31

```
1   import random
2   mondai = [
3       ['日本の首都は？', '京都府', '東京都', '大阪府', 2],
4       ['バスケットボールは１チーム何人でプレイする？', '7人', '6人', '5人', 3],
5       ['むかしは「市」だったのが「県」になったのは？', '兵庫県', '和歌山県', '滋賀県', 3]
6   ]
7   mondaiNo = random.randint(0, 2)
8   print('【問題】', mondai[mondaiNo][0])            問題文の表示
9   for i in range(1, 4):
10      print('[', i, ']', mondai[mondaiNo][i])    語群1～語群3の表示
11  kotae = int(input('答えは何番？'))
12  if kotae == mondai[mondaiNo][4]:               入力した番号と正解の番号を比較する
13      print('正解！')
14  else:
15      print('不正解・・・')
```

◀◀◀◀◀ 練習問題 ▶▶▶▶▶

3-1 いつ？どこで？ゲームに「誰と」という項目を追加しよう。

3-2 クイズゲームの問題数を増やそう。

3 クイズ王決定戦

ミッション

三択クイズを5問出題し，最後に正解数を表示しよう。

▶実行結果

【第1問】野球は基本的に1チーム何人でプレイする？
[1] 7人
[2] 8人
[3] 9人
答えは何番？ ← 例：「3」と入力
正解！

...
【第5問】決してハンガーを使わない都道府県は？
[1] 北海道
[2] 東京都
[3] 福岡県
答えは何番？ ← 例：「2」と入力
不正解・・・
3問正解しました

▶ テキストファイルの作成

　45ページでは二次元リストを使ったクイズゲームを作成しました。しかし，それでは問題数が増えるたびにプログラムが長くなるだけでなく，問題を追加したり変更したりするたびにわざわざプログラムを書き換えないといけません。そこで，問題のデータはプログラムとは別のファイルに作成し，プログラムでそのファイルを読み込んでリストに代入するという方法を取ります。次のテキストファイルを作成しましょう。

テキストファイルのデータ形式はP45と同じで，問題文・語群・正解の語群番号の順になっています。

↵は改行をあらわします。カンマは半角で入力しましょう。ファイル名は「quizData.txt」とし，ファイルの文字コードは「UTF-8」を指定して，プログラムを保存するフォルダと同じ場所に保存してください。

> Google Colaboratory を使用している場合は，画面左側の「ファイル」アイコンをクリックし，「セッションストレージにアップロード」を選んで作成したテキストファイルをアップロードしてください。

▶ ファイルの使用

ファイルを読み込んだりファイルに書き込んだりするには，まずファイルを開いて使える状態にする必要があります。ファイルを開くには open 関数を使います。

■ファイル名とモード，文字コードを指定してファイルを開く
open('ファイル名', mode='モード', encoding='文字コード')

ファイル名は「quizData.txt」，モードはファイルの読み込みをあらわす「r」，文字コードは「utf-8」を指定します。

open 関数を使うとファイルオブジェクト（ファイルを読み込むために必要なデータ）が返ってくるので，それを変数で受け取ります。

```
file = open('quizData.txt', mode='r', encoding='utf-8')
```

また，ファイルを使用し終わったら close でファイルを閉じます。

■ファイルを閉じる
ファイルオブジェクト .close()

上の例ではファイルオブジェクトは変数 file に代入しているのでファイルを閉じる場合は次のようなプログラムになります。

```
file.close()
```

> むずかしいので１つひとつ丁寧に理解しよう！

▶ データをカンマで区切ってリストに追加する

ファイルのデータをプログラムで使用するためにリストに代入します。まず，quizData. txt には改行が含まれているので取り除きます。そして，データをカンマで区切ってリストに追加します。

Python プログラム

quizData.txt → open → ファイルオブジェクト → 改行を取り除く データをカンマで区切る → リスト

▶改行を取り除く

改行は目に見えないですが，プログラムでは「改行コード」というデータになるため replace を使って取り除きます。

> **■文字列を置き換える**
>
> 文字列 .replace('置き換えたい文字列', '置き換える文字列')

改行コードを取り除くため，改行コードを何もない文字列に置き換えます。改行コードは「¥n」（「\n」と表示される場合もあります）であらわします。たとえば，文字列を代入している変数 data にある改行コードを取り除く場合，次のようなプログラムになります。

```
data.replace('¥n', '')
```

▶データをカンマで区切る

quizData.txt のなかにある半角のカンマは，文章のなかで使われるカンマ（読点）の役割ではなく区切り文字を意味しています。split を使ってカンマを区切り文字に指定して，データを「問題文」「語群」「正解の語群番号」に分割します。

> **■文字列を区切り文字で分割する**
>
> 文字列 .split('区切り文字')
>
> 区切り文字で区切られた複数のデータは1つのリストになります。

たとえば，カンマを含む文字列を代入している変数 data をカンマで区切ったデータに分割する場合，次のようなプログラムになります。

```
data.split(',')
```

▶リストに追加する

リストに要素を追加する場合は append を使います。

　たとえば，mondai というリストに「日本の首都は？」という文字列を追加する場合，次のようなプログラムになります。

```
mondai.append('日本の首都は？')
```

▶ ファイルを読み込んでリストに追加する

　ファイルを読み込んでリスト mondai にデータを追加しましょう。ファイルオブジェクトをそのまま for 文で繰り返すと 1 行ずつ文字列として読み込みます。そこから改行コードを取り除き，データをカンマで区切ってリスト mondai に追加します。

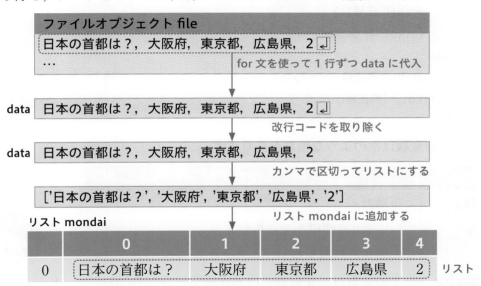

プログラム 32				
1	`import random`			
2	`mondai = []`		要素を追加するための空のリストを用意する	
3	`mondaisuu = 0`		問題数を数えるための変数を用意する	
4	`file = open('quizData.txt', mode='r', encoding='utf-8')`	ファイルを開く		
5	`for data in file:`		1行ずつ data に代入する	
6	`    data = data.replace('¥n', '')`		改行コードを取り除く	
7	`    mondai.append(data.split(','))`	data をカンマで区切ってリストにして，それをリスト mondai に追加する		
8	`    mondaisuu = mondaisuu + 1`			
9	`file.close()`	ファイルを閉じる		

▶ 問題を出題する

問題を5問出題し，最後に正解数を表示します。

	プログラム 33	
...	...	
10	`seikai = 0`	正解数を初期化する
11	`for i in range(1, 6):`	1〜5まで繰り返す
12	`    mondaiNo = random.randint(0, mondaisuu - 1)`	問題を選ぶ
13	`    print('【第', i, '問】', mondai[mondaiNo][0])`	問題を表示する
14	`    for j in range(1, 4):`	語群1〜3を表示する
15	`        print('[', j, ']', mondai[mondaiNo][j])`	
16	`    kaitou = input('答えは何番?')`	ユーザーが回答を入力する
17	`    if kaitou == mondai[mondaiNo][4]:`	回答と答えと比較する
18	`        print('正解!')`	
19	`        seikai = seikai + 1`	
20	`    else:`	
21	`        print('不正解・・・')`	
22	`print(seikai, '問正解しました')`	ループを抜けたので正解数を表示する

使用している変数は次のような役割があります。

変数名	役割
seikai	正解数
i	1〜5の何問目かをあらわす
mondaiNo	出題する問題を選ぶ。たとえば6問あれば，リストの0番目〜5番目に代入されているため，0〜5のどれかをランダムに生成する。
mondaisuu	問題の数
j	語群の番号
kaitou	ユーザーが入力した回答番号

16行目で入力した回答番号をint関数で数値に変換せずに文字列のまま受け取っています。これは，答えの数字が文字列でリストmondaiに代入されているので文字列同士を比較するためです。なお，このプログラムでは12行目の結果次第で，同じ問題が何度も出題されることがあります。

クイズゲームを改造しよう。

3－3　問題数を増やそう。

3－4　正解数を表示したあとに正解率を表示しよう。

3－5　出題数を5問と固定するのではなく，何問にするか
　　　ユーザーに入力してもらおう。

3－6　プログラムにコメント（➡P30 参照）を追加しよう。

3－7　最初に問題のジャンルを選択して，そのジャンルに応じた問題を出題しよう。

> ヒント：問題ファイルをもう1つ用意しておきます。そして，問題のジャンルを input
> 関数で選んでもらい，その値をもとに if 文で処理を分けて読み込むファイルを選びま
> す。

▶▶▶ 深くまなぶ

　自分でプログラムをゼロからつくることはとても難しいです。そこで，練習問題3－3から3－7のように，すでにあるプログラムを改造しながらまなぶことをおすすめします。練習問題のほかにも，○×問題を追加してみたり，問題によって語群の数が変わったり，語群の順番が入れ替わったり，同じ問題が出題されないようにしたり…いろいろと改造できる余地があります。ぜひ挑戦してみてください。

　本書では，みなさんが改造したくなるような題材を選んでいます。いろいろとプログラムをいじくりまわしてください。いくら試行錯誤しても，いくら間違えても物理的に壊れないこともプログラミングの魅力です。そして，自分の思うとおりにプログラムが動けばとても楽しいですよ。

4 宝くじシミュレーター

ミッション

　宝くじの1等7億円が当たるまで宝くじを
買い続けるシミュレーションを行おう。

▶実行結果

> 5656340枚目で7億円が当たりました
> 使ったお金は1,696,902,000円です

▶ シミュレーションとは

▶モデル化とシミュレーション ‥‥‥‥‥‥‥‥‥‥‥‥‥‥‥‥‥‥‥‥

　現実に起きている出来事にはさまざまな要素が含まれていますが，そのな
かで本質的な部分を抜き出して出来事を単純化したモデルをつくることを**モ
デル化**といいます。そのモデルを使った模擬的な実験のことを**シミュレー
ション**といいます。

　宝くじを当てるという出来事には，どの宝くじ売り場で購入するか，何枚まとめて購入
するか，当たり番号は何番かなどのさまざまな要素が含まれていますが，ここでは単純に
1等の7億円が当たるまで1枚ずつ順番に買い続ける，というモデルをつくってシミュ
レーションを行います。

▶宝くじ購入と当選のモデル ‥‥‥‥‥‥‥‥‥‥‥‥‥‥‥‥‥‥‥‥‥‥

　宝くじには，1 ～ 200組があり，それぞれの組に100000 ～ 199999番までの番号がある
とします。その宝くじのなかからランダムに1枚購入し，そこから1番ずつ番号を増やし
て1枚ずつ1等が当たるまで購入を続けます。199999番まで購入したら，次は組を1つ増
やして100000番から購入し，200組まで購入したら1組の100000番から購入します。

```
        1組           2組      …      200組
    ┌─→100000 ～ 199999   100000 ～ 199999   100000 ～ 199999─┐
    │         1等が当たるまで1枚ずつ購入する              │
    └──────────────────────────────────────────┘
            最後の番号まで購入したら最初に戻る
```

　宝くじは1枚300円とし，1等7億円の当選番号は，ある年の年末ジャンボ宝くじの当
選番号である181組の152869番とします。

宝くじシミュレーターのプログラム

	プログラム 34	
1	`import random`	
2	`maisu = 1`	
3	`atari_kumi = 181`	
4	`atari_ban = 152869`	
5	`kumi = random.randint(1, 200)`	1～200 番をランダムに選ぶ
6	`ban = random.randint(100000, 199999)`	100000～199999 番をランダムに選ぶ
7	`while kumi != atari_kumi or ban != atari_ban:`	組か番号が違う間は繰り返す
8	`    maisu = maisu + 1`	
9	`    ban = ban + 1`	
10	`    if ban == 200000:`	購入している組の最後の番号まで買った場合
11	`        ban = 100000`	
12	`        kumi = kumi + 1`	
13	`        if kumi == 201:`	200 組まで買った場合
14	`            kumi = 1`	
15	`print(maisu, '枚目で 7 億円が当たりました')`	
16	`print('使ったお金は', '{:,}'.format(maisu * 300), '円です')`	

> 単に「maisu * 300」と表示してもよいのですが，桁数が多くてわかりにくいので，format を使って 3 桁ごとにカンマを付ける処理を行っています。format のくわしい使い方は，インターネットを使って自分で調べましょう。

　7 行目で，組か番号のどちらかが当選番号と違う間はずっと繰り返すように条件を付けています。つまり，組と番号の両方が当選番号と一致したときに繰り返しを抜けます。

◀◀◀◀ 練習問題 ▶▶▶▶

3 - 8 2 等（1000 万円）が当たってもプログラムを終了するようにしよう。

　2 等の当選番号　137 組 199347 番, 51 組 110418 番, 86 組 112100 番, 103 組 179399 番

> 　7 行目の条件を追加するとプログラムがわかりにくくなります。そこで，まず，7 行目を「while True:」とすることにより，つねに条件を満たしている状態を生み出して無限ループにします。そして，if 文と break 文（➡P34）を組み合わせて当選したら繰り返しを抜けるようにしよう。

5 自分専用 AI

今までまなんだことを実行する，あなた専用の AI を作成しよう。

▶実行結果

```
こんにちは。

***************************

今日は何をして遊ぶ？

1：おみくじ　2：RPG ゲーム　3：クイズゲーム　4：遊ばない ■
                                            例：「1」と入力
あなたの運勢は・・・

吉です

***************************

今日は何をして遊ぶ？

1：おみくじ　2：RPG ゲーム　3：クイズゲーム　4：遊ばない ■
                                            例：「2」と入力
主人公の名前を入力してください：■
                          例：「洋平」と入力
***** 洋平 の冒険 *****

お城を出た。どちらに進む？（左：1，右：2）■

...

今日は何をして遊ぶ？

1：おみくじ　2：RPG ゲーム　3：クイズゲーム　4：遊ばない ■
                                            例：「4」と入力
バイバイ，またね！
```

基本となる繰り返し処理をつくる

最初に何をして遊ぶか選択します。4 を選ぶまでずっと繰り返すので，次のようなプログラムにします。

プログラム 35

```
1  import random
2  print('こんにちは。')
3  sentaku = None
```

```
4   while sentaku != 4:
5       print('************************')
6       print('今日は何をして遊ぶ?')
7       sentaku = int(input('1:おみくじ　2:RPGゲーム　3:クイズゲーム　4:遊ばない'))
8       if sentaku == 1:
...         おみくじのプログラム
...     elif sentaku == 2:
...         RPGゲームのプログラム
...     elif sentaku == 3:
...         クイズゲームのプログラム
...  print('バイバイ,またね!')
```

「import random」は，おみくじでもクイズゲームでも使用するため，まとめて1行目に記述します。また，7行目でsentakuの値を入力する前に4行目の終了条件でsentakuが出てきていますので，sentakuに何か値を入力していないと正常に動作しません。そこで，3行目で変数sentakuに「何もない」という意味をあらわすNoneを代入して変数sentakuを初期化しています。

▶ 処理をまとめる

プログラム35のように，おみくじのプログラムやRPGゲームのプログラムを直接while文のなかに埋め込んでもよいですが，ネストばかりになってしまいプログラムがわかりにくくなります。そこで，これらを関数にして処理をまとめます。

■関数を定義する
　　def 関数名 ( ):
　　　　処理

関数は呼び出す前に定義する必要があるので，プログラムの最初に関数を定義します。関数を呼び出すには，「関数名 ()」と記述します。

def omikuji():

def rpg():

def quiz():

プログラム 36

1	`import random`	
2	`def omikuji():`	
3	`print('あなたの運勢は・・・')`	omikuji 関数
...	`...`	
...	`def rpg():`	
...	`namae = input('主人公の名前を入力してください：')`	rpg 関数
...	`...`	
...	`def quiz():`	
...	`mondai = []`	quiz 関数
...	`...`	
...	`print('こんにちは。')`	
...	`sentaku = None`	
...	`while sentaku != 4:`	
...	`print('************************')`	
...	`print('今日は何をして遊ぶ？')`	
...	`sentaku = int(input('1：おみくじ　2：RPG ゲーム　3：クイズゲーム　4：遊ばない'))`	
...	`if sentaku == 1:`	
...	`omikuji()`	omikuji 関数の呼び出し
...	`elif sentaku == 2:`	
...	`rpg()`	rpg 関数の呼び出し
...	`elif sentaku == 3:`	
...	`quiz()`	quiz 関数の呼び出し
...	`print('バイバイ，またね！')`	

※プログラム 36 の全文は，62 ページに掲載しています。

◀◀◀◀◀ 練習問題 ▶▶▶▶▶

3 - 9　自分専用 AI を成長させよう。

> 例：「秘密の扉をあけよう」「ウサギとカメの競走」プログラムを追加する。
> 　　占いの結果に応じて RPG の内容がかわる　など

6 ほかに Python で できること

ウィンドウやボタンや画像を表示する

　本書では，プログラミングの本質的な内容をまなぶために文字を表示するプログラムのみを扱いましたが，Python ではウィンドウやボタンを表示したり，画像を表示したりすることもできます。tkinter というモジュールを追加して RPG ゲームや「レアキャラをゲットせよ」ゲームに画像を表示するとおもしろいですね。

画像を表示するサンプルプログラムは 62 ページに掲載しています。

データ分析を行う

　pandas というライブラリを使うと，Python でデータ分析を簡単に行うことができます。たとえば，大量のデータを与えて，そこから売り上げを予測したりグラフを作成したりすることができます。

Web アプリケーションを作成する

　Django というフレームワークを使うと，Python で Web アプリケーションを作成することができます。Python を極めると，YouTube やインスタグラムなどの Web アプリケーションがつくれるかもしれませんよ。

これで Python の基本的な勉強は終わりだよ。
おめでとう！
プログラミングの楽しさを少しでも感じてもらえたら
とってもうれしいな♪

練習問題解答例

練習問題解答例のプログラムデータなどについては，弊社Webサイトからダウンロードできます。（「Pythonでまなぶ」で検索してください）
https://www.jikkyo.co.jp/download/

※半角スペース2文字でインデントしている箇所（1-5の解答3行目や2-1の解答3行目など）は，紙面のつごう上，2行で表示していますが，1行で入力しましょう。

P7 ◀◀◀◀

1－1

```python
print('こんにちは。')
print('私の名前は佐々木明です。')
print('私の趣味は家族でキャンプをすることです。')
```

P11 ◀◀◀◀

1－2

```python
print(13 + 35)
print(5 * 15)
print((5 + 2) * (30 - 10))
```

1－3

```python
print('5の3乗と70をたした数字は', 5**3 + 70, 'です')
```

1－4

```python
print('「みりん」と10回言ってみよう。')
print('みりん　' * 10)
print('鼻の長い動物は？')
```

P15 ◀◀◀◀

1－5

```python
namae = input('あなたの名前はなんですか？')
oumu = input('わたしの名前はなんでしょう？')
print('わたしは', oumu, 'ちゃん　あなたは', namae, 'さん')
print(namae, 'さん, はじめまして！')
```

P19 ◀◀◀◀

1－6

```python
print('こんにちは')
print('私はPythonの勉強をしています')
```

1－7

```python
sukinatabemono = input('好きな食べ物はなんですか？')
print('私も', sukinatabemono, 'が好きです！')
```

1－8

```python
ten = int(input('点数を入力してください'))
print('満点まで, あと', 100 - ten, '点です')
```

1－9

```python
syouhinmei = input('商品名を入力してください')
tanka = int(input('単価を入力してください'))
suu = int(input('数量を入力してください'))
uri = tanka * suu
print(syouhinmei, 'の売上金額は', uri, '円です')
```

P25 ◀◀◀◀

2－1

[追加部分のみ掲載]

```python
print('次の日, 遠くに旅に出ることにした')
norimono = int(input('どの乗り物で旅に出る？ （船：1, 馬：2)'))
if norimono == 1:
    print('アメリカに到着した')
else:
    print('スペインに到着した')
```

2－2

（どの武器を購入するか選択肢を設けたり，ヒットポイントやマジックポイントをつくったりして，自分で工夫をして作成しましょう。）

P31 ◀◀◀◀

2－3

```python
import random
print('あなたの運勢は・・・')
unsei = random.randint(1, 100)
if unsei <= 16:
    print('大吉です')
elif unsei <= 51:
    print('吉です')
elif unsei <= 70:
    print('小吉です')
else:
    print('凶です')
```

2-4

```
import random
anata = int(input('あなたは何歳ですか？'))
watashi = random.randint(14,20)
print('私は', watashi, '歳だよ')
if anata > watashi:
    print('年上なんですね')
elif anata < watashi:
    print('年下なんだね')
else:
    print('同い年だね！')
```

2-5

```
nen = int(input('年齢を入力して下さい'))
if nen >=11 and nen <=18:
    print('２割引です')
elif nen <= 10 or nen >= 70:
    print('４割引です')
else:
    print('割引はありません')
```

2-6

```
for i in range(21):
    print(i + 10)
```

2-7

```
import random
kyaku = 0
for i in range(5):
    noru = random.randint(1,10)
    print(noru, '人乗車しました')
    kyaku = kyaku + noru
kotae = int(input('乗客は何人でしょう？'))
if kotae == kyaku:
    print('正解です！')
else:
    print('不正解です。答えは,', kyaku, '人です。')
```

2-8

```
print('検定試験に挑戦！')
hikki = int(input('筆記テストは何点でしたか？'))
jitugi = int(input('実技テストは何点でしたか？'))
while hikki < 70 or jitugi < 70:
    print('もう１度検定試験を受験しましょう')
    hikki = int(input('筆記テストは何点でしたか？'))
    jitugi = int(input('実技テストは何点でしたか？'))
print('おめでとう！合格です')
```

2-9

```
import random
kaisu = 1
jibun_ten = 0
aite_ten = 0
while jibun_ten < 3 and aite_ten < 3:
    print(kaisu, '回目')
    jibun = int(input('私は１～３のどの数字を思い描
        いているでしょう？'))
    aite = random.randint(1, 3)
    print('私は', aite, 'を思い描いていました')
    if jibun == aite:
        print('正解です！')
        jibun_ten = jibun_ten + 1
    else:
        print('違います')
        aite_ten = aite_ten + 1
    print(jibun_ten, '勝　', aite_ten, '敗')
    print('----------------------------')
    kaisu = kaisu + 1
if jibun_ten == 3:
    print('あなたの勝ちです')
else:
    print('あなたの負けです')
```

3−1

```
import random
data = [
    ['昨日', '今日の朝', '10年後'],
    ['家で', '教室で', 'お風呂場で', 'トイレで'],
    ['先生が', 'お母さんが', '恋人が'],
    ['私と', '友だちと', 'ネコと', 'ぬいぐるみと'],
    ['泣いた', 'ご飯を食べた']
]
rand1 = random.randint(0, 2)
rand2 = random.randint(0, 3)
rand3 = random.randint(0, 2)
rand4 = random.randint(0, 3)
rand5 = random.randint(0, 1)
print(data[0][rand1])
print(data[1][rand2])
print(data[2][rand3])
print(data[3][rand4])
print(data[4][rand5])
```

3−2

（おもしろい問題を作成してまわりの人に解いてもらいましょう。なお，このプログラムではおもしろい問題を作成する能力も求められます。このように，よいプログラムを作成するためにはプログラミング以外の能力も求められることが多々あります。）

3−3

（問題3−2と違い，ファイルに問題を追加すればよいので問題を作成しやすいと思います。カンマや数字を半角文字にすることに注意しながら，おもしろい問題をたくさん作成してみんなで遊んでみましょう。）

3−4

（プログラムの最後に次の命令を追加）

```
print('正解率は ', seikai / 5 * 100, '%です')
```

3−5

```
（略）
file.close()
seikai = 0
tokuKaisuu = int(input('何問問題を解きますか？'))
for i in range(1, tokuKaisuu + 1):
    mondaiNo = random.randint(0, mondaisuu - 1)
    print('【第', i, '問】', mondai[mondaiNo][0])
（略）
```

3−6

```
import random
mondai = []

# 問題数を数えるための変数
mondaisuu = 0

# ファイルを開いて問題データを読み込む
file = open('quizData.txt', mode='r', encoding='utf-8')
for data in file:
    data = data.replace('¥n', '')
    mondai.append(data.split(','))
    # データをリストに代入する都度，問題数を増加させる
    mondaisuu = mondaisuu + 1
file.close()

seikai = 0
# クイズゲーム部分
for i in range(1, 6):
    # 出題される問題番号がランダムに選択される
    mondaiNo = random.randint(0, mondaisuu - 1)
    # 問題文の表示
    print('【第', i, '問】', mondai[mondaiNo][0])
    # 語群1〜3の表示
    for j in range(1, 4):
        print('[', j, ']', mondai[mondaiNo][j])

    # ユーザーが回答を入力する
    kaitou = input('答えは何番？')
    # 回答と答えを比較する
    if kaitou == mondai[mondaiNo][4]:
        print('正解！')
        seikai = seikai + 1
    else:
        print('不正解・・・')

# 正解数の表示
print(seikai, '問正解しました')
```

```
3-7
import random

mondai = []
mondaisuu = 0

jyanru = int(input('どのジャンルのクイズにしますか？
  1：歴史，2：音楽'))
if jyanru == 1:
    file = open('quizData1.txt', mode='r', encoding='utf-8')
else:
    file = open('quizData2.txt', mode='r', encoding='utf-8')

for data in file:
    data = data.replace('¥n', '')
    mondai.append(data.split(','))
    mondaisuu = mondaisuu + 1
file.close()

seikai = 0
for i in range(1, 6):
    mondaiNo = random.randint(0, mondaisuu - 1)
    print('【第', i, '問】', mondai[mondaiNo][0])
    for j in range(1, 4):
        print('[', j, ']', mondai[mondaiNo][j])
    kaitou = input('答えは何番？')
    if kaitou == mondai[mondaiNo][4]:
        print('正解！')
        seikai = seikai + 1
    else:
        print('不正解・・・')
print(seikai, '問正解しました')
```

```
3-8
import random
maisu = 1
kumi = random.randint(1, 201)
ban = random.randint(100000, 200000)
while True:
    if kumi == 181 and ban == 152869:
        kin = '7億円'
        break
    if kumi == 137 and ban == 199347:
        kin = '1000万円'
        break
    if kumi == 51 and ban == 110418:
        kin = '1000万円'
        break
    if kumi == 86 and ban == 112100:
        kin = '1000万円'
        break
    if kumi == 103 and ban == 179399:
        kin = '1000万円'
        break
    ban = ban + 1
    maisu = maisu + 1
    if ban == 200000:
        ban = 100000
        kumi = kumi + 1
        if kumi == 201:
            kumi = 1
print(maisu, '枚目で', kin, 'が当たりました')
print('使ったお金は', '{:,}'.format(maisu * 300), '円です')
```

プログラム 36

```python
import random
def omikuji():
    print('あなたの運勢は・・・')
    unsei = random.randint(1, 100)
    if unsei <= 16:
        print('大吉です')
    elif unsei <= 51:
        print('吉です')
    elif unsei <= 70:
        print('小吉です')
    else:
        print('凶です')
def rpg():
    namae = input('主人公の名前を入力してください:')
    print('*****', namae, 'の冒険 *****')
    miti = int(input('お城を出た。どちらに進む？
        （左：1，右：2）'))
    if miti == 1:
        print('敵があらわれた')
    else:
        print(namae, 'は武器屋にたどり着いた')
def quiz():
    mondai = []
    mondaisuu = 0
    file = open('quizData.txt', mode='r', encoding='utf-8')
    for data in file:
        data = data.replace('\n', '')
        mondai.append(data.split(','))
        mondaisuu = mondaisuu + 1
    file.close()
    seikai = 0
    for i in range(1, 6):
        mondaiNo = random.randint(0, mondaisuu - 1)
        print('【第', i, '問】', mondai[mondaiNo][0])
        for j in range(1, 4):
            print('[', j, ']', mondai[mondaiNo][j])
        kaitou = input('答えは何番？')
        if kaitou == mondai[mondaiNo][4]:
            print('正解！')
            seikai = seikai + 1
        else:
            print('不正解・・・')
    print(seikai, '問正解しました')
print('こんにちは。')
sentaku = None
while sentaku != 4:
    print('************************')
    print('今日は何をして遊ぶ？')
    sentaku = int(input('1：おみくじ　2：RPG ゲー
        ム　3：クイズゲーム　4：遊ばない'))
    if sentaku == 1:
        omikuji()
    elif sentaku == 2:
        rpg()
    elif sentaku == 3:
        quiz()
print('バイバイ，またね！')
```

3－9

（この問題は本書の総まとめになります。本書ではファイルの読み込みしかまなびませんでしたが，ファイルへの書き込みをマスターすると，ＡＩに覚えさせた言葉を呼び出すことができます。ぜひ，自分でいろいろと調べて楽しいプログラムをつくり，プログラミングで遊びましょう。）

（プログラムと同じフォルダに保存されている'yuusha.png'という画像ファイルを表示します。）

```python
import tkinter
root = tkinter.Tk()
root.minsize(400, 300)
yuusha = tkinter.PhotoImage(file='yuusha.png')
canvas = tkinter.Canvas()
canvas.place(x=0, y=0)
canvas.create_image(0, 0, image=yuusha, anchor='nw')
root.mainloop()
```

※tkinter のバージョンによっては，拡張子が png の画像は表示されません。その場合，拡張子が gif の画像を使用してください。

Google Colaboratory を使用して'yuusha.png'を表示する場合

```python
from google.colab import files
upload = files.upload()
from IPython.display import Image,display_png
display_png(Image('yuusha.png'))
```
（注）画像ファイルアップロード後は上の 2 行は不要

さくいん

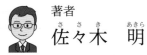

著者
佐々木　明
（さ さ き）（あきら）

1980年兵庫県姫路市生まれ。山口大学経済学部（商業教員養成課程）卒業。兵庫県の県立高校教諭を経て，現在，山口県の県立高校教諭。趣味はクラシック音楽鑑賞，キャンプ，居酒屋巡りなど。夢は妻と一緒に日本一周旅行をすること。共著に『プログラミング　マクロ言語』（実教出版），『最新プログラミング　オブジェクト指向プログラミング』（実教出版），『高等学校と商業教育』（八千代出版）。

Pythonでまなぶプログラミング

表紙・本文デザイン／
エッジ・デザインオフィス

●編　者—実教出版編修部

●発行者—小田　良次

●印刷所—株式会社加藤文明社

●発行者—実教出版株式会社

〒102-8377
東京都千代田区五番街5
電話〈営業〉(03) 3238-7777
　　〈編修〉(03) 3238-7332
　　〈総務〉(03) 3238-7700

002402023

ISBN 978-4-407-35961-9